AF360994

NOTICE

D'UNE

VENTE D'ESTAMPES

MODERNES,

FRANÇAISES ET ÉTRANGÈRES,

Encadrées et en Feuilles;

LITHOGRAPHIES, VIGNETTES, RECUEILS,

OUVRAGES A FIGURES, ETC.,

Qui aura lieu les jeudi 19, vendredi 20 et samedi
21 mars 1835, six heures du soir,

PLACE DE LA BOURSE,

HÔTEL DES VENTES, SALLE N° 3,

Par le ministère de Me PETIT, Commissaire-Priseur,
Boulevart Poissonnière, n° 14.

———

Exposition publique le matin de chaque vacation,
de une heure à trois.

———

1834.

ORDRE DES VACATIONS.

Première vacation , jeudi 19 mars.

        127, division.
        126, ouvrages à figures.
102 à **125**,   d°
 83 à **101**,   d°

Deuxième vacation, vendredi 20 mars.

       127, division.
       129, planches gravées.
77 à   **80**, lithographies.
     76, vignettes.
61 à   **68**, estampes anglaises.
47 à   **55**, estampes étrangères.
 1 à   **24**, estampes françaises.

Troisième vacation, samedi 21 mars.

     127, division.
81 à   **82**, lithographies.
     76, vignettes.
69 à   **75**, estampes anglaises.
56 à   **60**, estampes étrangères.
25 à   **46**, estampes françaises.

NOTICE

D'UNE

VENTE D'ESTAMPES.

ESTAMPES

GRAVÉES AU BURIN PAR DES ARTISTES FRANÇAIS.

1 —Portrait d'Adrienne Lecouvreur, d'ap. Ch. Coypel, par P. Drevet; anc. épr. avant l'*e* à la fin du mot modèle. En-cadrée.

2 — La Magdeleine, d'ap. Lebrun, par Edelinck.

3 — Le Kain dans le rôle d'Orosmane, dessiné et gravé par St-Aubin; épr. av. l. l. — Adrienne Lecouvreur, d'ap. Ch. Coypel, par P. Drevet. Ces deux estampes encadrées.

4 — Les portraits de Jean Loret, le grand Condé et Van-Steenberghen, dit l'*avocat de Hollande*. Ces trois pièces par Nanteuil; anc. ép., la dernière avant les vers. Deux lots.

5 — L'Observateur distrait et le jeune Joueur d'instrumens, d'ap. Mieris, par Wille. — La petite Écolière, d'ap. Schenau, par le même; 3 estampes, anc. épr.

6 — Les bons Amis, d'ap. Adr. Van-Ostade, par Wille; épr. avant la lettre.

7 — La Tante de Gérard Dow., d'ap. G. Dow., par Wille; épr. avant la lettre.

8 — La bonne Femme de Normandie; épr. av. l. l., et le

Repos de la Vierge, d'ap. Diétricy. **Ces deux estampes par** Wille : elles sout encadrées.

9 — L'Éducation d'Achille et l'Enlèvement de Déjanire, d'ap. le Guide et Regnault, par Bervic ; 2 estamp. anc. épr. Encadrées.

10 — L'Innocence, d'après Merimée, par Bervic ; épr. av. l. l.

11 — Bélisaire, d'ap. M. Gérard, par M. Desnoyers ; anc. épr. avant les points. Encadrée.

12 — La belle Jardinière, d'ap. Raphaël ; — la Vierge aux Rochers, d'ap. Léonard de Vinci ; 2 estam., par M. Desnoyers ; anc. épr. Encadrées.

13 — Les Muses et les Piérides, d'ap. Perino del Vaga, par M. Desnoyers.

14 — Hippocrate, d'apr. Girodet, par Massard.

15 — Atala, d'ap. Girodet, par Massard ; épr. lettres grises, papier de Chine.

15 *bis* — La même, avec la lettre.

16 — La sainte Cécile, d'ap. Raphaël, par M. Massard ; épr. av. l. l.

16 *bis* — La même, avec la lettre.

17 — La dansé des Muses, d'ap. J.-Romain, par M. Massard.

18 — Homère, d'ap. M. Gé.ard, par M. Massard ; épr. avant l. l. Encadrée.

19 — Forêt vierge du Brésil, d'ap. M. de Clarac par M. Fortier.

20 — La même. Estampe encadrée.

21 — Les Bergers d'Arcadie, d'ap. N. Poussin, par Blot ; épr. av. l. l.

22 — La même, avec la lettre.

23 — Marcus Sextus, d'ap. Guérin, par Blot.

24 — La Maîtresse du Titien, d'ap. ce maître, par M. Forster ; épr. pap. de Chine.

25 — Molière chez Ninon de Lenclos, d'ap. Monsiau, par Anselin ; épr. avec la lettre grise et les armes.

26 — La même estampe encadrée.

27 — Le Chien du régiment, d'apr. M. Horace Vernet, par M. Lecomte ; épr. av. l. l.

28 — OEdipe, d'ap. Giroust, par Morel ; épr. av. l. l.

29 — Les honneurs rendus à Raphaël, d'ap. M. Bergeret, par M. Sixdeniers ; épr. av. l. l., pap. de Chine.

30 — Atala, d'ap. Gautherot, par Lignon ; épr. av. l. l.
La même avec l. l.

31 — Adam et Eve, d'ap. Raphaël, par M. Richomme ; encadrée.

32 — Neptune et Amphitrite, d'ap. J. Romain, par M. Richomme.

33 — Léonidas, d'ap. David, par M. Laugier, épr. sur pap. de Chine. Encadrée.

34 — L'Assomption, d'ap. N. Poussin, par M. Laugier ; — la Création d'Eve, d'ap. Michel-Ange, par Coiny ; deux estam., épr. av. l. l.

35 — La Nymphe ; — les Adieux au monde ; — Orphée et Eurydice ; — Psyché ; — Sapho. Cinq estam. gravées pour la Société des Amis des Arts, par MM. Bein, Garnier, Laugier, etc., etc., d'ap. des maîtres modernes ; 2 lots.

36 — Batailles de Wagram, de la Moskowa, d'Héliopolis, d'ap. M. Langlois, par Adam, MM. Conig et Lefèvre ; trois estamp., une av. l. l., pap. de Chine.

37 — Céphale et l'Aurore ; — le Jugement de Pâris et la danse des Nymphes ; — le Roi boit ! — la Leçon de basse ; — Scène de la St-Barthélemy ; — l'Orpheline ; etc, etc. Ces différens sujets d'ap. des maîtres anciens et modernes, par MM. Forster, Desnoyers, Prud'homme et autres graveurs, 17 estamp. 4 lots.

38 — La Psyché, d'ap. M. Gérard, par M. Pradier ; — la mort de Léandre, par M. Laugier ; — l'Amour et Psyché, d'ap. David, par M. Potrelle ; — l'Innocence, par Barvic ; — la

Nymphe de Diane, d'ap. M. Norblin; etc., etc.; 10 estampes, trois sont av. l. l.; 3 lots.

39 — Portraits de souverains, princes, peintres célèbres et autres personnages marquans; 47 estampes gravées par Audouin, MM. Forster, Potrelle, Bourgeois, etc., etc.; 3 lots.

ESTAMPES GRAVÉES EN AQUATINTE
ET AU POINTILLÉ.

40 — Psyché et l'Amour, d'ap. M. Gérard, par M. Godefroy. Encadrée.

41 — L'Aurore, d'ap. le Guide; par Tresca, épr. av. l. l. encadrée.

42 — Retour de l'île d'Elbe; — grande garde de lanciers Polonais; — lanciers Polonais en cantonnement; trois estampes d'ap. M. Horace Vernet, par M. Jazet; les deux dernières av. l. l.

43 — Innocence; — Coquetterie; — Comédienne; — Parisienne, etc., d'ap. M. Dubuffe; — Chasses, d'ap. M. C. Vernet; — histoire de Faust et Marguerite; — allégories; — sujets de genre, etc., etc.; d'ap. différens maîtres modernes; 51 pièces, 6 lots.

44 — Sujets tirés de l'ancien Testament, de l'histoire Romaine, de celle d'Alexandre-le-Grand, de la Mythologie, d'ap. Hamilton, Singleton et autres artistes; suites publiées par MM. Aumont et Tessari; 20 estampes, plusieurs coloriées; 4 lots.

45 — Panoramas et Vues de Paris, 31 pièces, plusieurs en couleurs; 2 lots.

46 — Etudes gravées à la manière du crayon, par MM. Bertrand, Badoureau, Massol, Sauve, etc., d'ap. Raphaël, Dominiquin, N. Poussin, David, et autres maîtres anciens et modernes; 146 pièces, 7 lots.

ESTAMPES ÉTRANGÈRES,

GRAVÉES AU BURIN, PAR DES ARTISTES ITALIENS ET ALLEMANDS.

47 — Sainte Famille, d'ap. Raphaël, par Longhi; épr av. l.l.

48 — La même estampe avec l. l., pap. de Chine.

49 — La Magdeleine, d'ap. le Corrége, parLonghi.

50 — Jeux d'enfans, d'ap. le Poussin, par Longhi.

51 — La Femme adultère, d'après le Titien; — Moyse, d'après N. Poussin, deux pièces par Anderloni; anc. épr.

52 — La Vierge aux Anges , d'apr. le Titien, par Anderloni; av. l. l.

52 bis. — La même avec la lettre.

53 — La Fuite en Egypte, et le Temps qui fait danser les quatre Temps de la vie humaine, d'apr. N. Poussin;—le Chev. Mont-Cade, d'ap. Van-Dick; — 3 pièces par R. Morghen.

54 — Le Sommeil de Jésus, d'ap. le Titien, par R. Morghen. Encadrée.

55 —Angélique et Médor;—la Charité;—Vénus sur les eaux; —Ste Famille;—Christ mort; — Iris, etc., 19 grav. par Folo, Longhi, Rosaspina, Gandolffi, Pavon, etc.; d'ap. des peintres Italiens; 4 lots.

56 — Les peintures de Raphaël dans les chambres du Vatican, huit pièces gravées par Mochetti; — les Noces de Psyché, d'après Raphaël, par Campanella.

57 — Paysages d'ap. C. le Lorrain et G. Poussin, par Haldenwang, Volpato, Gmelin, Porctta, Frommel et Parboni; 22 pièces, 4 lots.

58 — La Madone de saint Sixte, d'apr. Raphaël, par F. Muller; — très-belle épreuve avant la retouche. Encadrée.

59 — Le Charlatan, d'apr. G. Dow., par Ch. Hess; — épr. avec le titre en lettres grises. Est. encadrée.

60 — Paysages, vues de Dresde, des bords du Rhin, etc.; 16 grandes pièces gravées au trait, coloriées et publiées en Allemagne; 4 lots.

ESTAMPES AU BURIN, AU POINTILLÉ ET EN MEZZOTINTO OU MANIÈRE NOIRE,

PAR DES GRAVEURS ANGLAIS.

61 — La petite Forêt, d'ap. G. Poussin, par W. Woolett; anc. épr. encadrée.

62 — *Tivoli à Composition*, d'après Turner, par Goodall.

63 — *The Errand Boy*; — *the Cut Finger*; deux est. d'apr. D. Wilkie, par Raimbach. Encadrées.

64 — Le Joueur de violon, d'apr. D. Wilkie, par Burnet. Est. encadrée.

65 — Le bon Papa et la bonne Maman, par Burnet. Deux estampes encadrées.

66 — Les Marionnettes, par le même; épr. avant l. l., pap. de Chine. Elle est encadrée.

67 — *Open your mouth and shut your eyes*, par Taylor; épr. avec le mot *proof*; — *the Girl at the well*, d'ap. Westall, par Ch. Heath; — *The Lover's Quarel*, d'ap. Newton, par Ch. Heath. Ces trois estampes, belles épr., sont encadrées; 3 lots.

68 — *Holy Family*, par J. Heath.

69 — Vues de Chatam et de Portsmouth, d'apr. Stanfield, par Allen; épr. av. l. l., pap. de Chine; — la Princesse Charlotte, d'apr. Laurence, et Vue intérieure de St-Paul de Londres, etc. Cinq pièces, 3 lots.

70—Quatre sujets: Tippoo-Saïb, d'apr. Singleton, par Schia-
vonetti.

71—Fuite de Marie Stuart du château de *Lochleven*;—Samedi
matin; — Instruction maternelle;—le Jour de Médecine; —
la Pensée joyeuse, etc., 13 pièces en manière noire, d'après
des peintres et par des graveurs anglais; 3 lots.

72 — Portrait en pied de Charles X, d'ap. Laurence, par
Turner.

73 —Muly Moloch, et Hap-Hazard, chevaux célèbres en Angleterre, gr. par Cook; 2 est.

74 — Auberge de l'Eléphant, à Newington ; grande pièce co-
loriée.

75 — Chasses gravées d'apr. Alken, publiées en Angleterre ;
épr. coloriées et encadrées dans des cadres de sapin vernis;
huit pièces, 2 lots.

VIGNETTES.

76 — Mille soixante-dix-sept Vignettes et Vues d'Angleterre
détachées de divers ouvrages ; plusieurs av l. l. et sur pap.
de Chine ; 18 lots.

LITHOGRAPHIES,

PAR DES ARTISTES FRANÇAIS ET ÉTRANGERS.

77 —Françoise de Rimini; — la Sieste; — le Réveil; — le Le-
ver ; — Amyntas ; — les deux Pléïades; — les Élemens ; —
Innocence et Fidélité; — les Femmes joyeuses de Wind-
sor, etc. ; ces différens sujets lithographiés par et d'ap.
MM. Albrier, Coupin, Alberti, Fragonard et autres artistes.
35 pièces ; plusieurs sur pap. de Chine; 45 lots.

78 — Vues pittoresques des environs de Paris ; dessinées d'ap. nature et lith., par MM. Tirpenne et Monthelier, et ornées de fig., par V. Adam; 3o pl., pap. de Chine.

79 — Croquis ; — Caprices ; — Paysages ; — Vues de Suisse, d'Italie ; — Macédoines ; — Costumes ; — Petites fleurs ;— Oiseaux ; — Différentes espèces d'animaux, etc. ; 420 feuilles à plusieurs sujets, lithographiés par MM. Adam, Deveria, J. David, Le Poitevin, Vattier, Menu, Grenier, Tirpenne, Rothmüller et autres artistes ; plusieurs de ces feuilles sont coloriées; 9 lots.

80 — Portraits des généraux français contemporains de Napoléon ; 28 p. lithogr. par MM. Maurin, Grevedon, etc.

81 — Têtes d'études lithographiées par MM. Maurin, Aubry-le-Comte, Loche, Sauvé, Chrétien et autres, d'ap. des maîtres anciens et modernes ; — Groupes académiques, d'ap. les marbres de Canova, etc. ; 400 pièces; 14 lots.

82 — La Madone; — le Mariage de la Vierge, d'ap. Raphaël; — la Femme adultère ; — Présentation au Temple ; — Joseph vendu par ses frères ; — Vierge au Lac, etc. ; 12 pièces publiées à Carlsruhe ; 2 lots.

RECUEILS ET OUVRAGES A FIGURES,

PEINTURE, SCULPTURE, ARCHITECTURE,

HISTOIRE NATURELLE, VOYAGES, ETC.

83 — OEuvre de Boissieu, cent planches gravées à l'eauforte, par ce maître ; épr. pap. de Chine.

84 — Le Cabinet Crozat, deux vol. in-fol.; gr. pap., manque le texte, seulement les 182 planches ; anc. épr.

85 — Musée Royal ; les livraisons 13, 15 et 19, 6 liv. in-fol., 24 pl.

86 — Frise de Jules Romain, à Mantoue, par P. S. Bartoli, un vol. in-fol., obl. br. en cart.; 26 pl.

87 — Vie de Sanson, par Verdier, un cahier in-fol.; — Vie de saint Bruno; d'après Lesueur, par Chauveau.

88 — Peintures de la Chapelle Sixtine, par Michel-Ange; grav. au trait, par Piroli; un vol. gr. in-fol. cart.

89 — Recueil de dessins du Parmesan, par Bossi. Parme, 1772; un vol. in-fol. dem.-rel., 29 pl.

90 — Paysages; d'après le G. Poussin, par Parbonni, un cah. in-fol.; — Galerie de Florence, liv. 20 et 38, av. l. l.; — les Loges de Raphaël, par Meuleemester; — Histoire de Geneviève de Brabant; — Galerie du Luxembourg, d'ap. Rubens, 10 liv. in-fol., fig. color., etc.; 5 lots.

91 — Galerie Gustiniani, deux vol. in-fol. cart., fig. (328).

92 — Vues pittoresques et perspectives du Musée des Monumens français, par Réville et Lavallée; 5 liv. in-fol. fig. complet.

93 — Catalogue des Ornemens de Romagnesi; 72 pl. in-4°, croquis d'ornemens, d'après l'antique, tirés de l'Album de feu Thibault, architecte.

94 — Recueils des sculptures et ornemens exécutés en carton-pâte, par Hirsch.; 12 cah., in-4°, 48 pl.

95 — Modèles d'ornemens de plafonds, par Richardson; un vol. in-fol. cart., 30 pl. col.

96 — Musée des Antiques; par Bouillon, liv. 2, 25 et 7; — Statues antiques; par Perrier, un vol.; — Ornemens; par Bouillemier, 6 liv.; — Vases antiques; par Dubois de Maison-Neuve, 11 liv.; — Musée des Monumens français; par Lenoir, etc., etc.; 4 lots.

97 — Commentaire de Frontin, sur les aqueducs de Rome, par Rondelet, 1820; — addition du même, 1821, 2 vol. in-4° et atlas in-fol. — Traité de la coupe des pierres, par Simonin, 1782, in-4°, br.; — Architecture du Louvre, in-fol.; 2 lots.

98 — Ruines de Palmyre. Londres, Miller, 1753, un vol. in-fol., veau antique, dentelle.; fig. 57.

99 — Antiquités d'Herculanum, par Piroli; 6 vol. in-4°, cart. exempl. pap. vél.

100 — Le même ouvrage, pap. ordinaire, plusieurs exemplaires.

101 — Tableau de Paris, en 1807 et 1808, un cahier; décors et objets des anciens, 2 cahiers, publiés par les frères Piranesi; plusieurs exemplaires de chaque.

102 — Plans et élévation de l'église cathédrale de Westminster, par Cottingham. Londres, 1822, un cah. in-fol.

103 — Plan et coupe d'une partie du Forum Romain, par Caristie, 1821, un vol. gr. in-fol. cart.

104 — Designs for ornemental villars by Robinson, architecte. Londres, 1826, 9 liv. in-4°, fig.

105 — Histoire du palais de Justice, par Sauvan et Schmit; in-fol., 8 pl.

106 — Etudes des constructions par Brugnières, liv. 5, 9 et 10; — Rotonde Colbert, par Billaud; — Vues de Rome, par Piranesi; — Cérémonie du Sacre de l'Empereur, par Percier et Fontaine, etc., etc. 6 lots.

107 — Choix de costumes des peuples de l'antiquité, par Willemin, liv. 1 à 5; 10, 11; 13 à 15, et la 5e; Monumens français inédits, 11e liv. in-fol.

108 — Les comtes de Hollande, *Soutman*, Harlem, 1650, un vol. in-fol. demi-rel., 40 pl. grav. par Corn. Visscher; belles épr.

109 — Recueil de Costumes français par Beaunier et Rathier. Paris, l'auteur, 37 liv. in-fol. complet.

110 — Portraits de divers Personnages célèbres de France et d'Angleterre, qui ornent les mémoires de Grammont; 64 pièces gr. en Angleterre, 1 vol. in-8°, demi-rel.

111 — Recueil de Costumes de personnages célèbres, anciens et modernes, de la ville de Bade; publ. à Carlsruhe, par Velten, 46 pl. i avec texte, in-4°.

112 — Collection de vingt-quatre portraits de la famille impériale de Russie, peints par Benner, grav. par M. Mecou.

113 — Portraits historiques de M. le baron Gérard, grav. par

P. Adam. Paris, 1826 ; 4 liv. in-fol., fig. (24), sur pap. de Chine.

114 — Vues choisies d'Amsterdam, par de Kruyf, 1 vol. in-4°, demi-rel., 45 pl. en aquatinte.

115 — Promenades pittoresques dans Constantinople, par Pertusier. Paris, 1817, 5 liv. in-fol., 30 pl. par Piringer.

116 — Châteaux d'Allemagne, 24 pl. lit. et publ. à *Carlsruhe* in-fol.

117 — Antiqnités de la Nubie, par Gau, de Cologne; gr. in-fol. atl., liv. 9 à 12.

118 — Les Promenades de Paris, par Schwartz ; un vol. in-4° obl. demi-rel. ; — Aventures du capitaine Lascar, grav. par Beaugean, in-4° obl. demi-rel.

119 — Voyage pittoresque et militaire en Espagne, par Langlois; 10 liv. in-fol. 40 pl. lith.

120 — Voyages pittoresques dans les Pyrénées, par Melling : 12 liv. in-fol. obl. pap. vélin, complet.

121 — Voyage dans la Haute et Basse Egypte, par Vivant Denon ; 2e édit. Paris, Gaugain, 12 liv. in-fol. de pl. pap. de Chine, 2 vol. in-8° de texte ; complet.

122 — Voyage de Naples et Sicile par St-Non. Paris, Dufour, 2e édit , 12 liv. in-fol. de pl. et 13 liv. in-8° de texte; compl.

123 — La Henriade de Voltaire, ornée de fig. lith. par H. Vernet et Mauzaisse, un vol. in-fol. en feuilles.

124 — Nova genera et species Plantarum, rédigé par M. Kunth; in-fol. tome 1 complet, le tome 2 jusqu'à la pl. 121.

125 — Oiseaux d'Afrique et d'Amérique par Levaillant ; 60 pl. en noir et en couleur ; — Histoire des Singes, 7 liv. Museum d'Histoire naturelle, 3 liv. 3 lots.

126 — Environ cent livraisons détachées de divers ouvrages tels que: Fastes de la Nation française ; — Cimetières de Paris ; — Métamorphoses d'Ovide ; — Galerie universelle, etc., etc. seront divisés sous ce n°.

127 — Des estamp. de tous genres; — des livraisons détachées de divers ouvrages ; — quelques dessins à l'aquarelle et à la

sepia ; — des études peintes par des artistes modernes, seront divisés sous ce n°.

128 —Des bordures dorées avec et sans verre ; — des portefeuilles de différens formats seront vendus sous ce n°.

PLANCHES GRAVÉES.

129—Costumes napolitains et Scènes à Tivoli; 37 pl. formant 3 cahiers, gr. à l'eau forte par Pinelli, artiste romain; — 40 cuivres y compris 3 titres ; une épreuve de chaque cuivre.

Sous presse, pour paraître chez le même Marchand d'Estampes :

Catalogue d'une collection d'Estampes anciennes, la plupart gravées à l'eau-forte par et d'après des peintres des écoles allemande, italienne, des Pays-Bas et de France ; dont la vente se fera par suite du décès de M. de B... d'Arras, les lundi 6 et mardi 7 avril 1835, hôtel des Commissaires-Priseurs, place de la Bourse, salle n. 3.

VINCHON , fils et successeur de Me. Ve. BALLARD , imprimeur,
ue J.-J. Rousseau, n° 8, à Paris.

[illegible handwritten docket]